GW01375690

LE PETIT MARCHÉ

CAROTTE

LES RECETTES DE SAISON

ÉPICERIE GÉNÉRALE MARABOUT

DEPUIS 1949

SOMMAIRE

QUELQUES VARIÉTÉS 8
PRÉPARER ET CUISINER LES CAROTTES 10

APÉRO

JUS CAROTTE, TOMATE ET POIVRON ROUGE 12
DIP MAROCAIN À LA CAROTTE 14
DIP DE CAROTTE À LA MENTHE 16
RAÏTA À LA CAROTTE 18
PICKLES DE CAROTTES À LA VIETNAMIENNE
(NUOC CHAM) 20
PICCALILLI 22

SALADES

KOSHUMBIR 24
COLESLAW ASIATIQUE 26
SALADE DE CAROTTES ET D'ORANGES
À LA MAROCAINE 28

SOUPES

SOUPE DE CAROTTES ET LENTILLES 30
SOUPE DE LÉGUMES AU MAÏS 32

PLATS & ACCOMPAGNEMENTS

POT-AU-FEU AU CHOU FARCI 34
PORC AU CURRY ROUGE 36
GRATIN DE LÉGUMES D'HIVER 38
GRATIN DE LÉGUMES RACINES 40
CAROTTES AROMATIQUES 42
CAROTTES AU CHÈVRE ET À LA MENTHE 44
TAJINE DE LÉGUMES ÉPICÉ 46
CAROTTES CARAMÉLISÉES 48
MINICAROTTES GLACÉES AU SIROP D'ÉRABLE
ET À L'ORANGE 50

DESSERTS

LÉGUMES RÔTIS 52
MINI CARROT-CAKES 54
GÂTEAU AUX FRUITS ET AU CREAM CHEESE 56
COOKIES AUX FLOCONS D'AVOINE
ET AUX CAROTTES 58

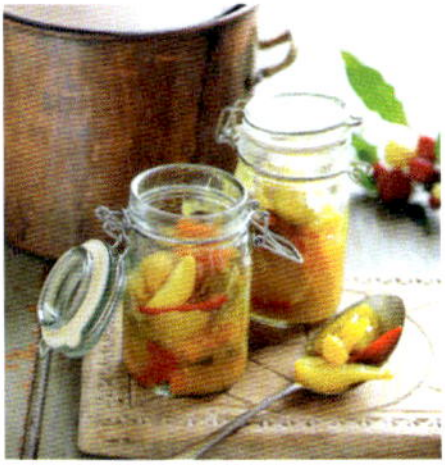
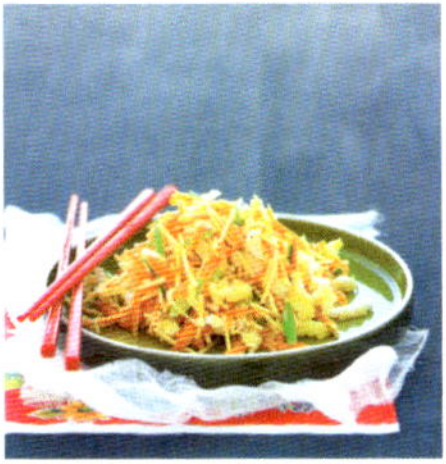
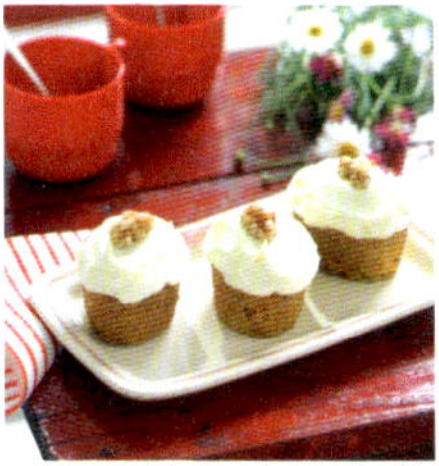
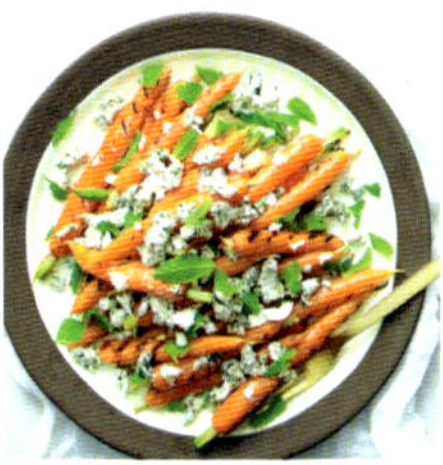
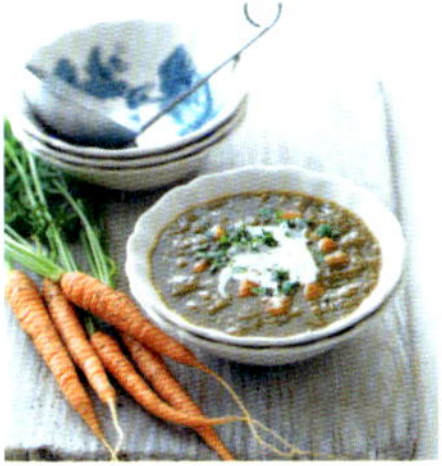
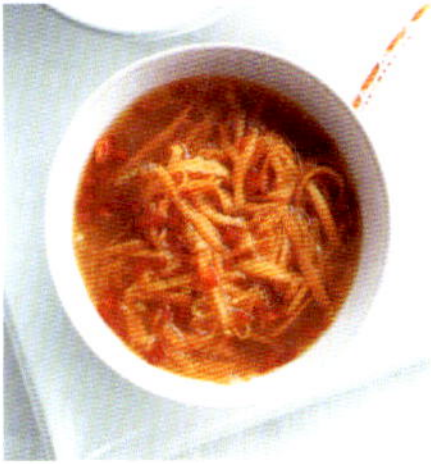
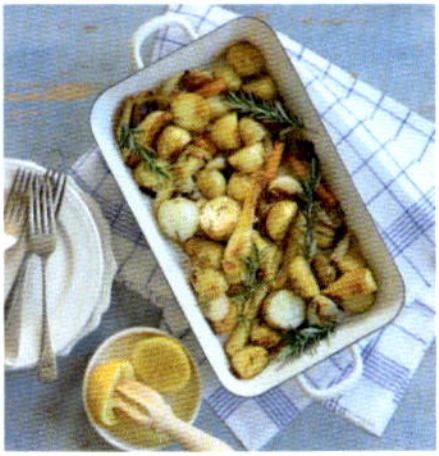
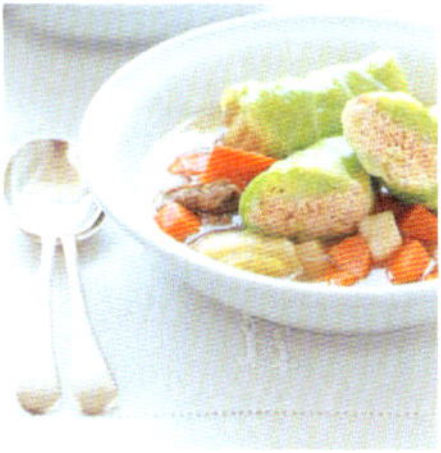
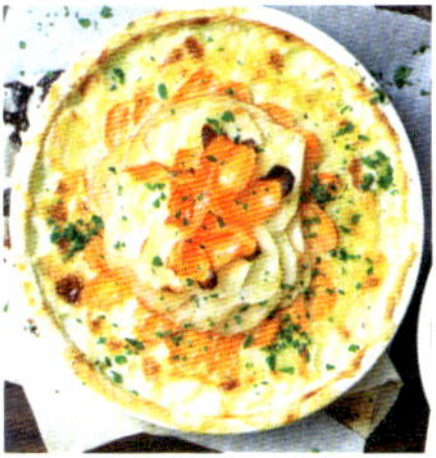

QUELQUES VARIÉTÉS

Les carottes ont un parfum spécifique, une saveur douce et sucrée. Ce sont les ingrédients quasi indispensables de nombreux plats mijotés et soupes, incontournables pour préparer un court-bouillon. Les épices du Moyen-Orient se marient très bien avec la saveur des carottes, notamment pour parfumer les soupes. Grattez-les avec un couteau, plutôt que de les éplucher, car toutes les vitamines sont sous la peau ! Les fanes de carottes sont parfaites pour aromatiser les soupes.

MINICAROTTES

Ces petites carottes sont très parfumées et douces. Elles n'ont pas besoin d'être pelées et sont un en-cas idéal. Il suffit de retirer les fanes et de frotter les carottes avec un torchon propre.

CHOISIR & CONSERVER LES CAROTTES

Il est préférable de choisir des carottes de taille moyenne, car les grosses ont tendance à être un peu fibreuses. Choisissez des carottes qui ne sont pas fendues et qui n'ont pas trop de taches. Les carottes doivent être conservées au réfrigérateur. Les minicarottes se gardent 2 à 3 jours et les carottes ordinaires environ une semaine.

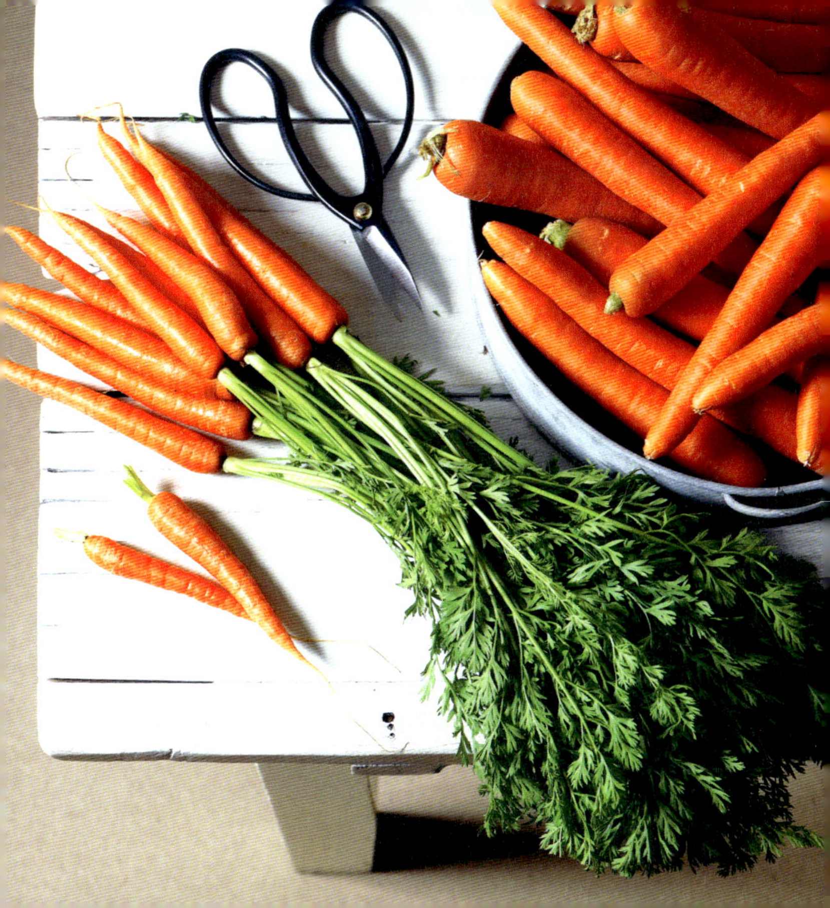

PRÉPARER ET CUISINER LES CAROTTES

Pelez les carottes avec un couteau ou un économe. Vous pouvez les couper en bâtonnets, en deux dans le sens de la longueur ou en rondelles plus ou moins épaisses.

À L'EAU
Recouvrez les carottes d'eau, portez à ébullition et faites-les cuire à couvert pendant 7 minutes environ.

À LA VAPEUR
Faites cuire à la vapeur des carottes coupées en rondelles de 1 cm d'épaisseur, pendant 9 minutes.

AU MICRO-ONDES
Les carottes peuvent être cuites au micro-ondes. Servez les carottes cuites à la vapeur, à l'eau ou au micro-ondes avec du beurre et de l'estragon ou du persil.

CRUES
Mélangez 1 carotte grossièrement râpée avec du chou émincé, puis assaisonnez avec du jus de citron et de l'huile d'olive. Vous pouvez également préparer un jus avec des carottes et d'autres légumes pour faire le plein de vitamines.

JUS DE CAROTTE
Commencez la journée avec un jus de carotte fraîchement pressée. Vous pouvez le mélanger avec du jus d'ananas ou essayer un mélange carotte-orange-betterave.

RÂPÉES
Préparez une salade de carottes râpées à la menthe fraîche, ajoutez les carottes râpées dans des croquettes de pommes de terre ou dans un cake pommes-cannelle.

AU FOUR
Faites cuire les carottes au four 45 minutes à 200 °C, jusqu'à ce qu'elles soient tendres et caramélisées.

SAUTÉES
Coupez les carottes en petits bâtonnets et faites-les sauter 2 à 4 minutes.

PURÉE
Préparez une purée avec des carottes cuites à l'eau et une pincée de cumin grillé. Servez-la en accompagnement.

JUS CAROTTE, TOMATE ET POIVRON ROUGE

5 MIN DE PRÉPARATION

POUR 1 LITRE

1 poivron rouge moyen (250 g) coupé en gros morceaux

4 tomates moyennes (300 g) coupées en gros morceaux

2 carottes moyennes (250 g) coupées en gros morceaux

environ 10 g de persil plat

250 ml d'eau

un trait de Tabasco

1- Mixez ensemble le poivron, les tomates, les carottes, le persil et l'eau, en plusieurs fois, jusqu'à obtention d'une purée lisse.
2- Filtrez la préparation, à travers un tamis à mailles larges, dans une grande carafe.

ASTUCES

Réfrigérez tous les ingrédients avant de préparer le jus.
Servez ce jus dans les 30 minutes suivant sa préparation.

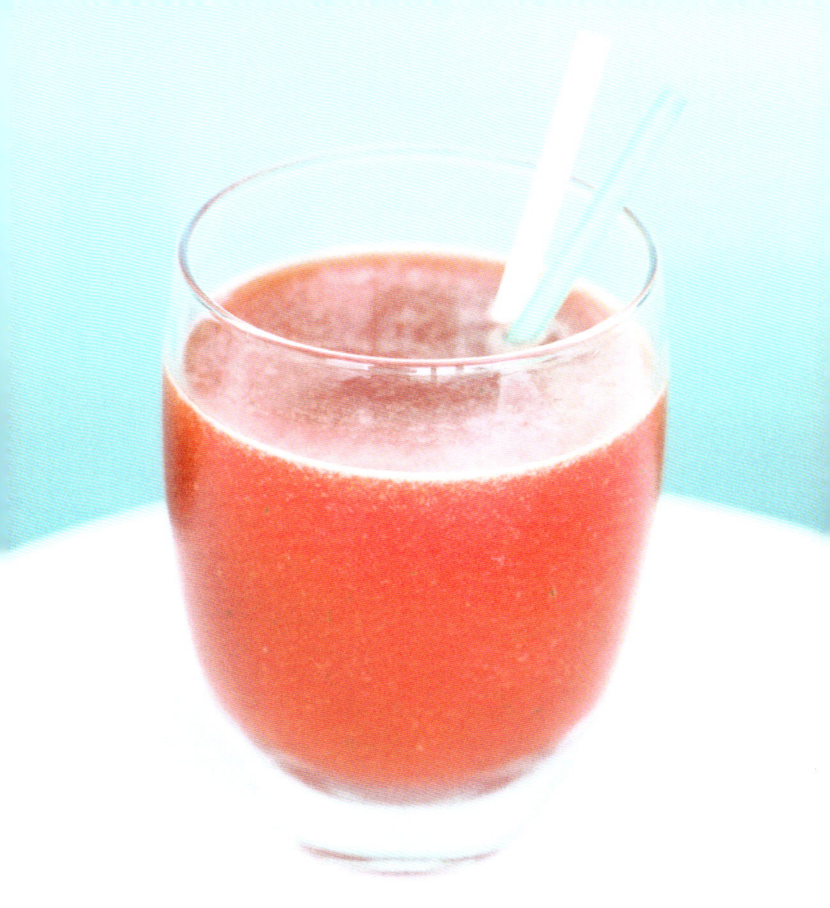

DIP MAROCAIN À LA CAROTTE

10 MIN DE PRÉPARATION – 20 MIN DE CUISSON

POUR 2 BOLS

4 carottes moyennes (480 g) coupées en rondelles

2 gousses d'ail pelées

1 c. à c. de cumin moulu

1 c. à s. de miel

2 c. à s. de jus de citron

70 g de yaourt à la grecque

1 c. à s. de coriandre fraîche grossièrement hachée

1- Mettez les carottes et l'ail dans une petite casserole, mouillez d'eau à hauteur et portez à ébullition. Réduisez le feu, couvrez et laissez mijoter 20 minutes environ, jusqu'à ce que les carottes soient cuites. Égouttez.

2- À l'aide d'un mixeur ou d'un robot, mixez la préparation aux carottes avec le cumin, le miel et le jus de citron jusqu'à obtention d'une sauce lisse. Ajoutez le yaourt et continuez à mixer jusqu'à ce que le dip soit bien homogène.

3- Décorez de coriandre.

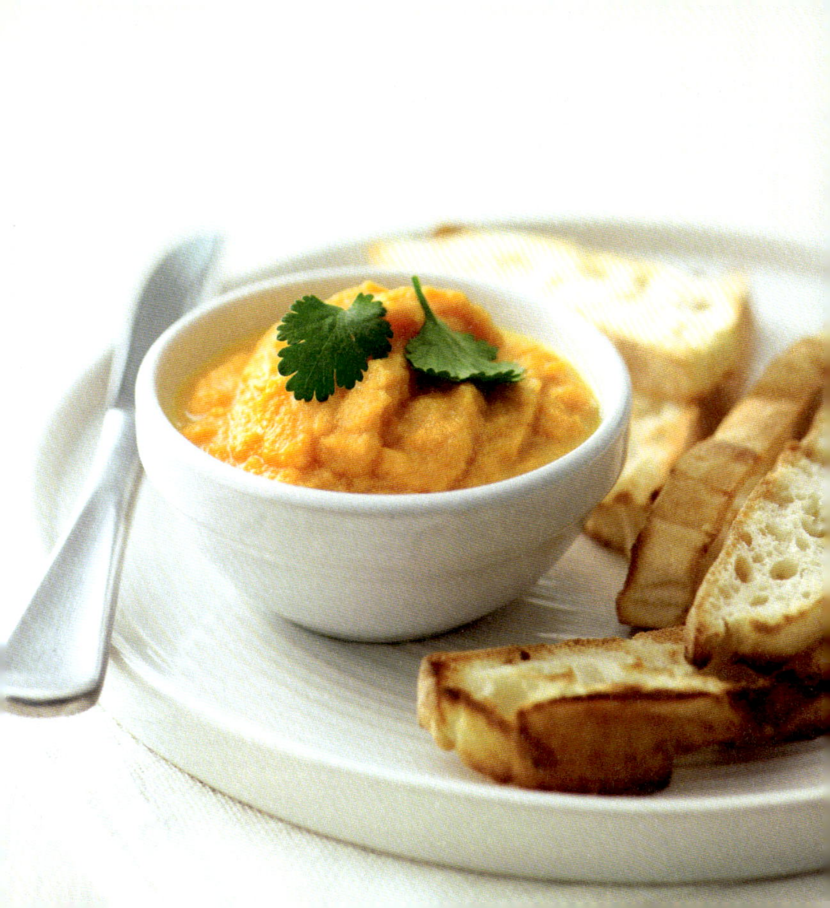

DIP DE CAROTTE À LA MENTHE

5 MIN DE PRÉPARATION – 10 MIN DE CUISSON – 10 MIN DE REPOS

POUR 1 BOL

1 carotte moyenne grossièrement râpée (120 g)

125 ml de jus d'orange frais

2 c. à s. de yaourt de lait de chèvre

1 c. à s. de menthe fraîche ciselée

1 c. à s. de raisins de Corinthe

1 cm de gingembre frais (5 g) râpé

1- Faites cuire la carotte dans le jus d'orange 10 minutes à feu doux, jusqu'à ce que le liquide s'évapore. Laissez refroidir 10 minutes.

2- Mixez cette préparation avec le yaourt, puis incorporez la menthe, les raisins secs et le gingembre.

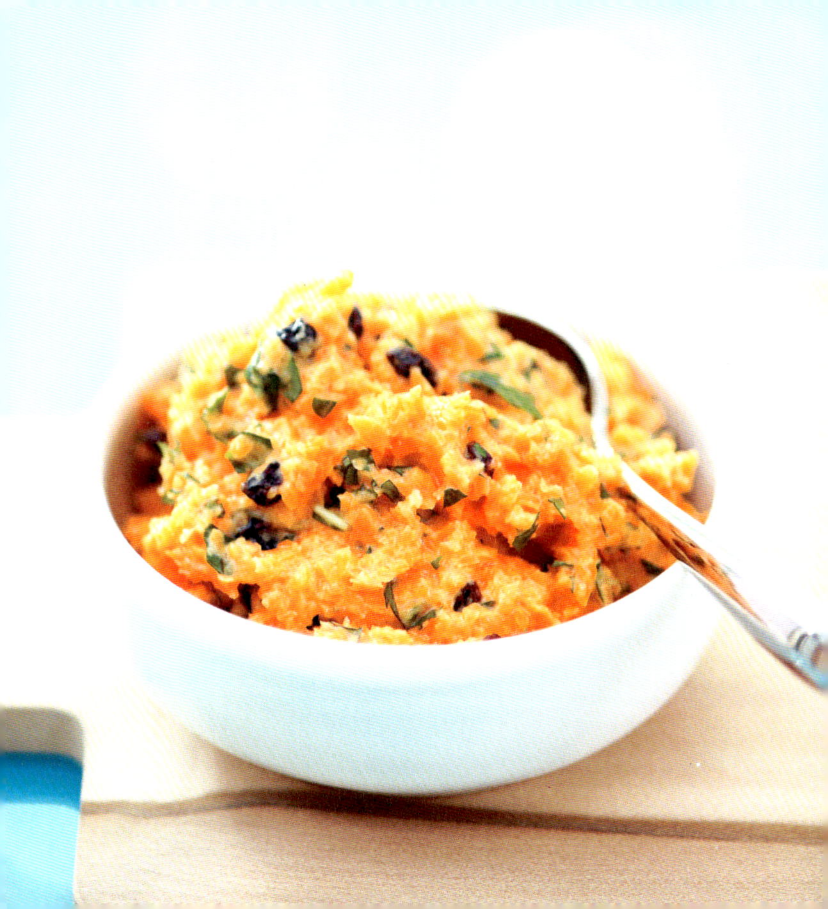

RAÏTA À LA CAROTTE

5 MIN DE PRÉPARATION – 2 MIN DE CUISSON

POUR 6 PERSONNES

2 c. à c. d'huile végétale

5 feuilles fraîches de curry finement hachées

1 c. à c. de graines de moutarde noire

1 petit piment rouge séché finement haché

2 carottes moyennes (240 g) grossièrement râpées

250 g de yaourt

1- Faites chauffer l'huile dans une petite poêle, faites-y revenir les feuilles de curry et les épices, 2 minutes en remuant, à feu doux, jusqu'à ce que les graines sautent.

2- Mélangez les feuilles, les épices et les autres ingrédients dans un bol.

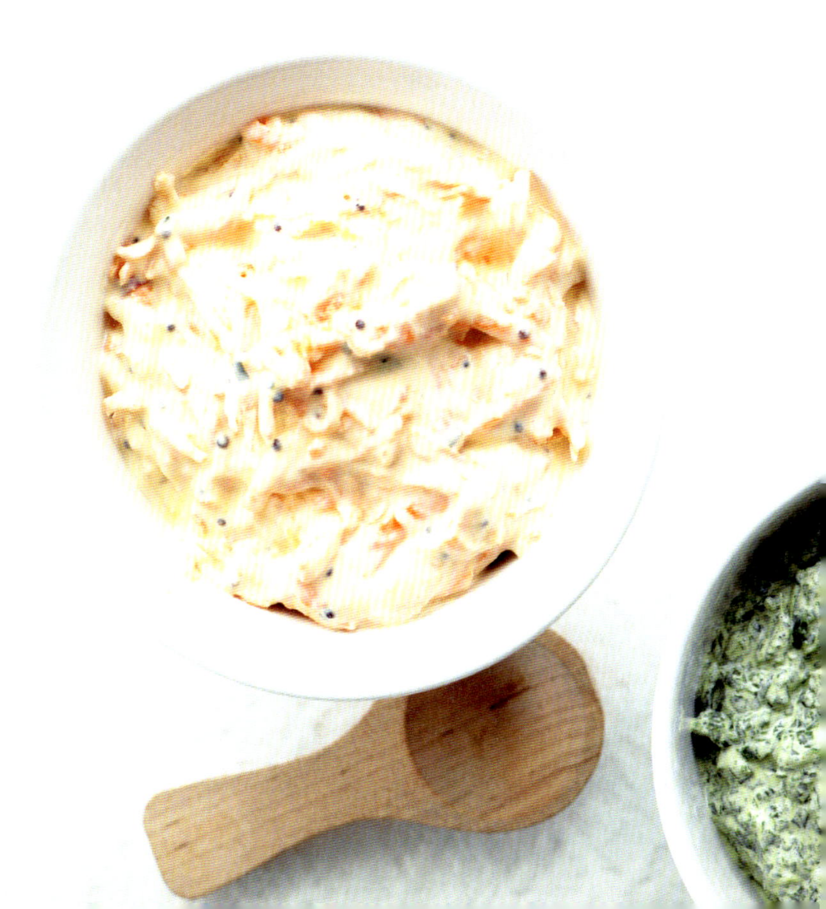

PICCALILLI

15 MIN DE PRÉPARATION – 12 H DE REPOS – 10 MIN DE CUISSON

POUR 8 BOCAUX

1 kg de légumes mélangés coupés en gros morceaux : chou-fleur, carotte, céleri, tomate verte, concombre, petits oignons

1 c. à s. de sel

1 l de vinaigre blanc

220 g de sucre blanc

1 c. à s. de curcuma moulu

1 c. à s. de moutarde moulue

3 gousses d'ail coupées en fines tranches

4 petits piments thaïs frais coupés en deux dans la longueur

75 g de farine de maïs

1- Salez les légumes et laissez-les reposer toute une nuit. Rincez les légumes sous l'eau froide puis égouttez-les.

2- Mélangez le vinaigre, le sucre, le curcuma, la moutarde, l'ail et les piments dans une grande casserole. Portez à ébullition et ajoutez les légumes. Laissez frémir 5 minutes à couvert, pour que les légumes soient juste tendres.

3- Prélevez 125 ml du liquide de cuisson, mélangez-les avec la farine de maïs et versez dans la casserole. À la reprise de l'ébullition, laissez bouillir pendant 3 minutes environ, pour que la préparation épaississe. Versez dans des bocaux stérilisés chauds et scellez-les immédiatement.

4- Conservez dans un endroit frais et sec pendant 4 semaines avant de déguster. Après ouverture, conservez le bocal au réfrigérateur.

CONSEIL

Si la préparation paraît trop liquide avant la mise en conserve, enlevez un peu de jus.

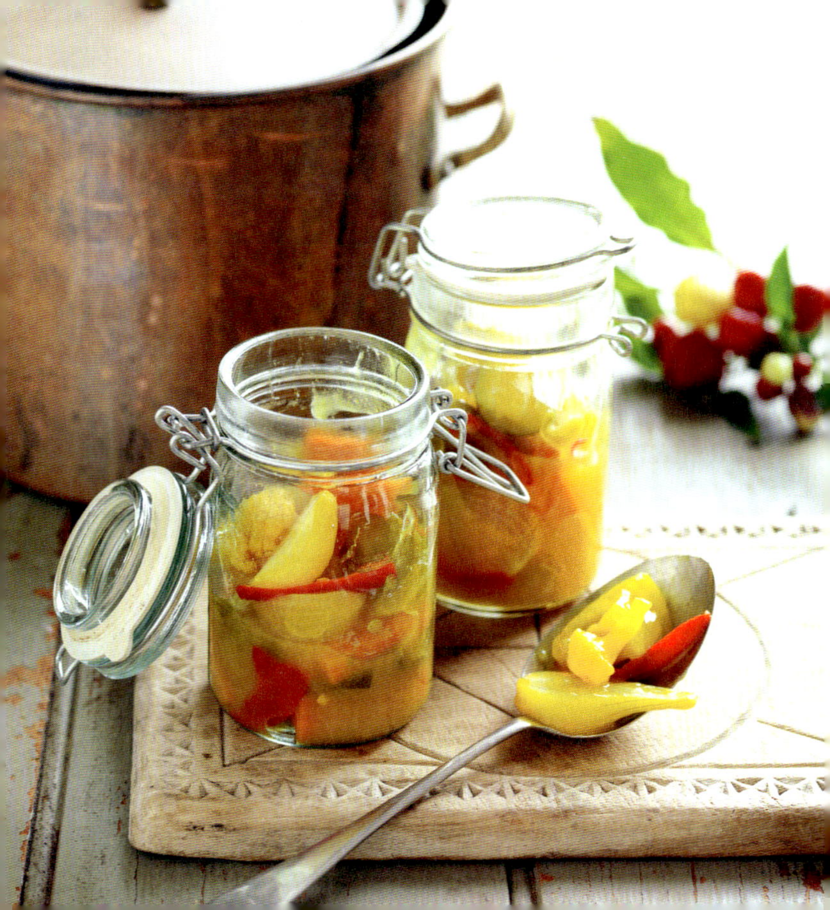

PICKLES DE CAROTTES À LA VIETNAMIENNE (NUOC CHAM)

10 MIN DE PRÉPARATION

POUR 1 ½ BOL

1 gousse d'ail pilée

1 long piment rouge frais finement haché

60 ml de jus de citron vert

60 ml de nuoc-mâm

65 g de sucre de palme râpé

125 ml d'eau

1 carotte moyenne (120 g) grossièrement râpée

Mélangez tous les ingrédients dans un grand bol.

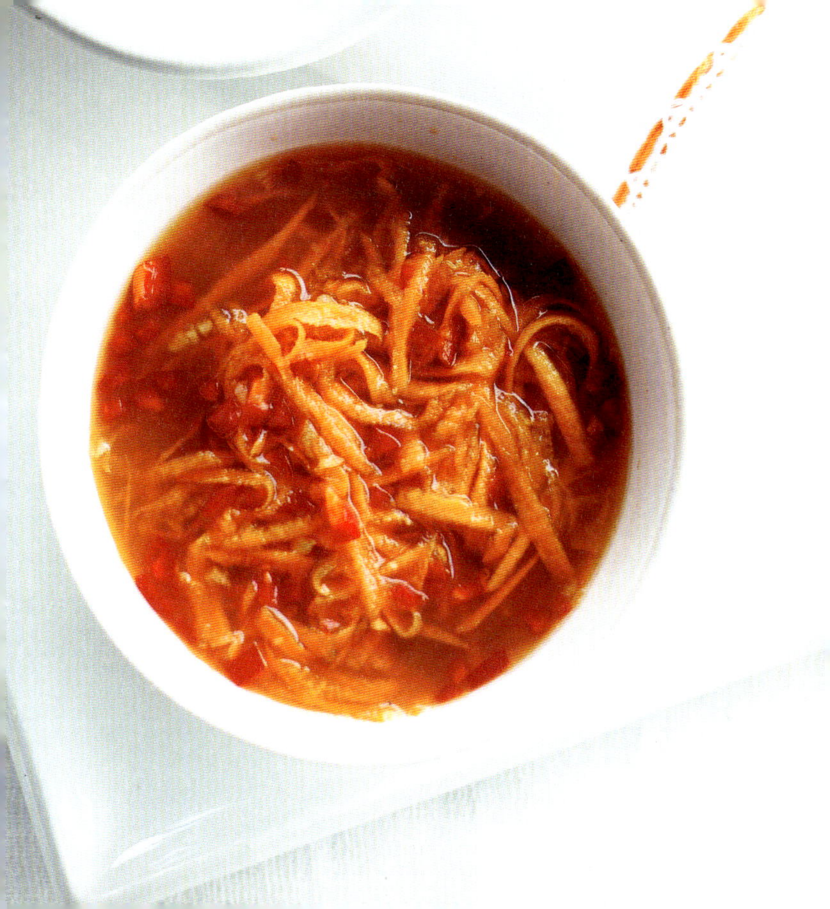

KOSHUMBIR

10 MIN DE PRÉPARATION

POUR 2 BOLS

1 petit oignon jaune (80 g) finement haché

1 concombre libanais (130 g) épépiné et grossièrement râpé

1 petite carotte (70 g) grossièrement râpée

1 long piment vert finement haché

3 cm (15 g) de gingembre frais râpé

35 g de cacahuètes grillées non salées concassées

1 c. à s. de jus de citron

1- Mélangez l'oignon, le concombre, la carotte, le piment, le gingembre et les cacahuètes dans un petit saladier.
2- Ajoutez le jus de citron juste avant de servir le koshumbir.

NOTE

Le koshumbir (ou koshambir) est une salade de légumes frais coupés finement, servie en accompagnement des currys en Inde.

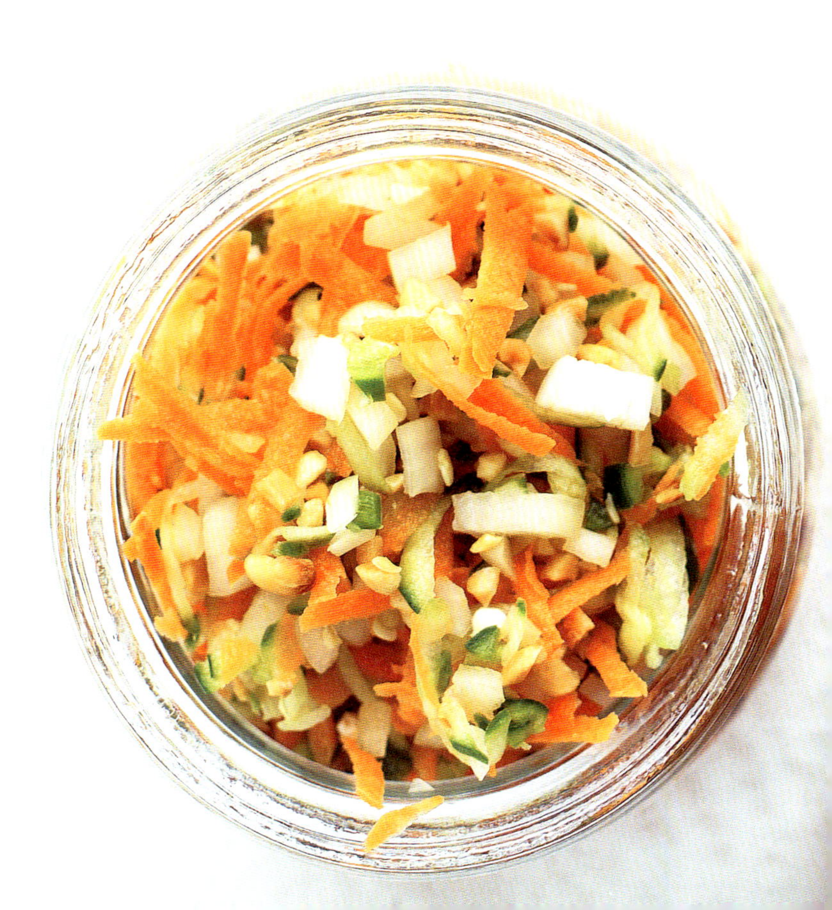

COLESLAW ASIATIQUE

15 MIN DE PRÉPARATION

POUR 4 PERSONNES

160 g de chou chinois finement râpé

1 carotte moyenne (120 g) grossièrement râpée

3 tiges de ciboule émincées

40 g de feuilles de coriandre fraîche

100 g de nouilles frites

VINAIGRETTE AUX PRUNES ET AU SOJA

2 c. à s. d'huile d'arachide

1 c. à s. de sauce aux prunes

1 c. à s. de vinaigre de vin blanc

2 c. à c. de sauce soja claire

1 c. à c. de sucre en poudre

1- Préparez la vinaigrette aux prunes et au soja en mélangeant les ingrédients dans un shaker pour sauce à salade.
2- Dans un grand saladier, mélangez les ingrédients de la salade avec la vinaigrette.

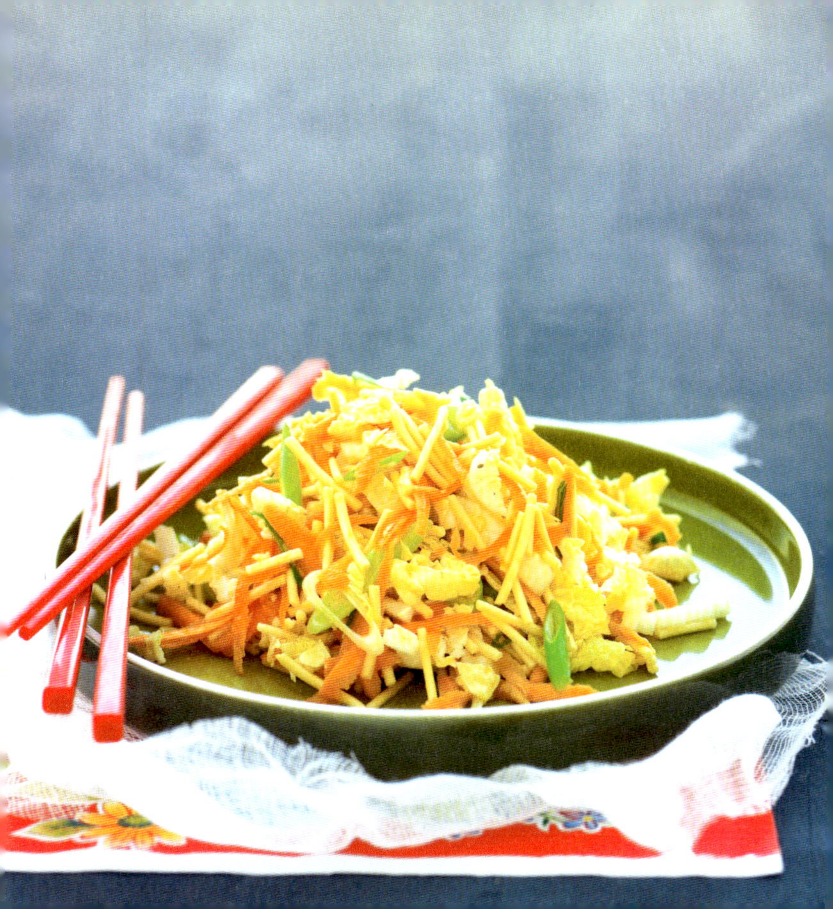

SALADE DE CAROTTES ET D'ORANGES À LA MAROCAINE

20 MIN DE PRÉPARATION

POUR 6 PERSONNES

500 g de petites carottes pelées

2 petites oranges (360 g) pelées à vif et détaillées en quartiers

½ petit oignon rouge (40 g) coupé en fines lamelles

6 brins de coriandre fraîche effeuillés

1 c. à s. d'eau de fleur d'oranger

2 c. à s. de sucre en poudre

2 c. à s. de jus de citron

1- Coupez les carottes en fins bâtonnets.
2- Mélangez les carottes et les autres ingrédients dans un saladier.

CONSEIL

L'eau de fleur d'oranger peut avoir un goût plus ou moins prononcé d'une marque à l'autre. Mettez d'abord la moitié de la quantité recommandée dans la recette et ajustez ensuite en fonction de vos goûts.

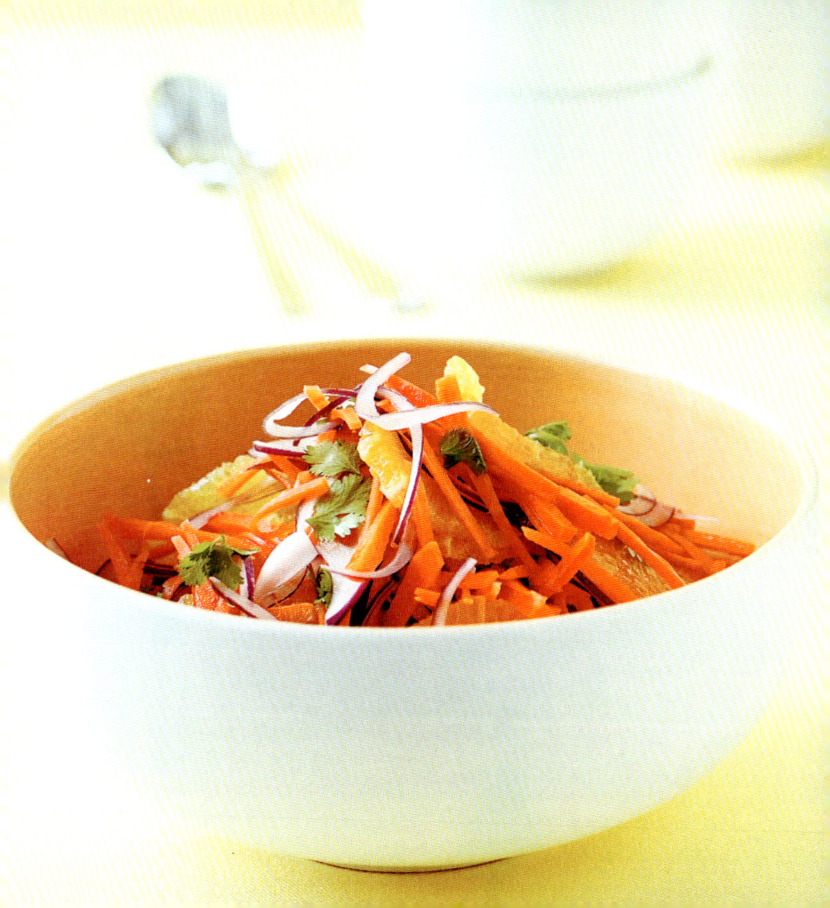

SOUPE DE CAROTTES ET LENTILLES

20 MIN DE PRÉPARATION – 55 MIN DE CUISSON

POUR 8 PERSONNES

1 c. à s. d'huile d'arachide

1 oignon jaune moyen (150 g) coupé en morceaux

2 gousses d'ail écrasées

1 c. à s. de cumin moulu

1 c. à s. de coriandre moulue

2 c. à c. de garam masala

5 carottes moyennes (600 g) coupées en morceaux

2 l de bouillon de légumes

1 l d'eau

100 g de lentilles brunes

100 g de pois cassés jaunes

100 g de lentilles corail

2 c. à s. de coriandre fraîche ciselée

1 - Faites chauffer l'huile dans une grande casserole puis faites-y revenir l'oignon et l'ail, en remuant. Ajoutez les épices et remuez jusqu'à ce que le mélange embaume. Ajoutez les carottes et poursuivez la cuisson 2 minutes, en remuant.

2 - Versez le bouillon et l'eau, portez à ébullition. Ajoutez les lentilles brunes et les pois cassés, baissez le feu et laissez frémir 40 minutes, sans couvrir. Ajoutez ensuite les lentilles corail et poursuivez la cuisson 10 minutes, sans couvrir.

3 - Laissez refroidir la soupe pendant 10 minutes. Mixez-en la moitié et remettez-la dans la casserole. Ajoutez la coriandre ciselée. Servez cette soupe avec un peu de yaourt.

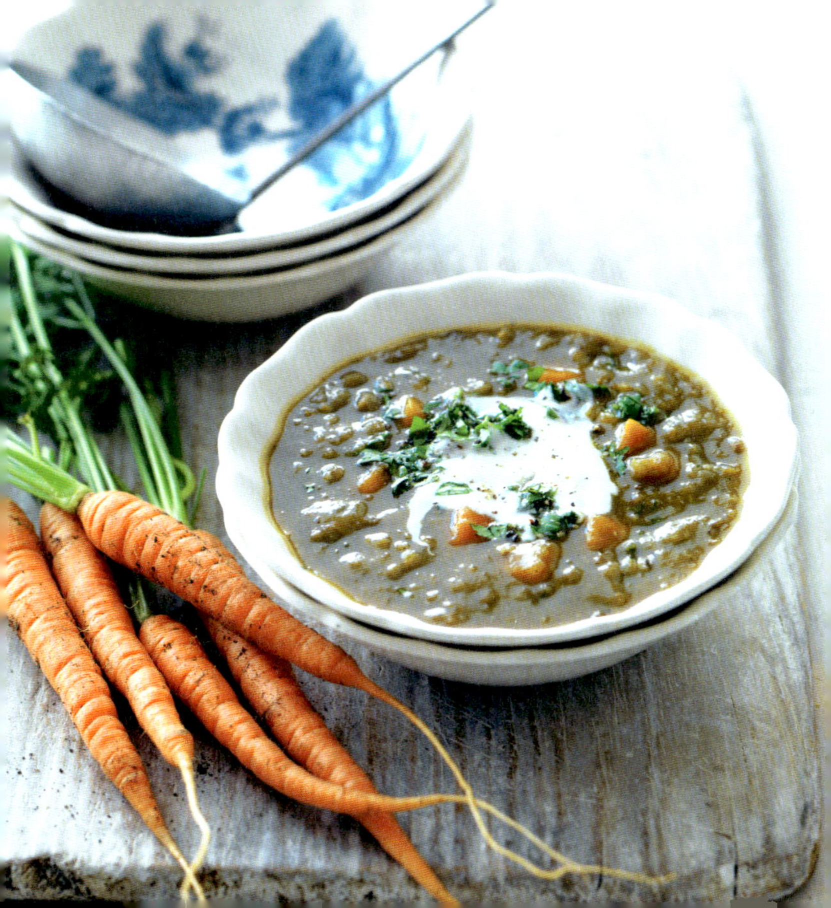

SOUPE DE LÉGUMES AU MAÏS

20 MIN DE PRÉPARATION – 20 MIN DE CUISSON

POUR 1 PERSONNE

500 ml de bouillon de légumes

1 épi de maïs

50 g de chou-fleur détaillé en petits bouquets

½ petite carotte (35 g) coupée en petits dés

30 g de pois gourmands coupés en petits tronçons

1 oignon vert coupé en fines rondelles

1- Portez le bouillon à ébullition dans une petite cocotte. Détachez les grains de l'épi de maïs et mettez-les dans le bouillon avec le chou-fleur et la carotte. Quand le mélange recommence à bouillir, réduisez le feu. Couvrez et laissez mijoter 10 minutes.

2- Incorporez les pois gourmands et l'oignon. Laissez frémir 2 minutes sans couvrir.

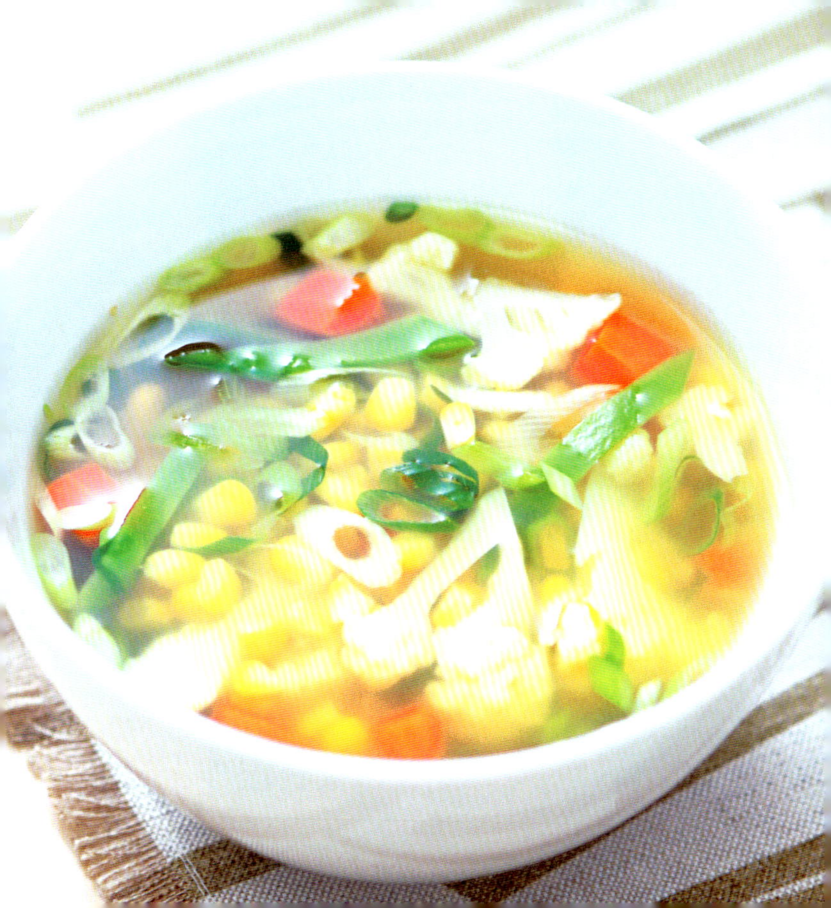

POT-AU-FEU AU CHOU FARCI

45 MIN DE PRÉPARATION – 1 H 45 DE CUISSON

POUR 6 PERSONNES

2 jarrets de veau (1,5 kg)
2 grosses carottes (250 g) grossièrement coupées
1 poireau moyen émincé
2 petits navets pelés et grossièrement coupés
6 oignons blancs
1 feuille de laurier
750 ml de bouillon de poulet
1 l d'eau
1 petit chou de Milan
250 g de porc haché
250 g de poulet haché
1 œuf
1 petit oignon jaune émincé
50 g de chapelure

1 - Mettez le veau, les carottes, le poireau, les navets, les oignons entiers, le laurier, le bouillon et l'eau dans une cocotte, puis portez à ébullition. Réduisez le feu et laissez mijoter environ 1 h 30 à découvert, jusqu'à ce que le veau soit tendre. Retirez les jarrets. Quand ils sont assez froids pour être manipulés, désossez-les et hachez grossièrement la viande.

2 - Prélevez 12 grandes feuilles sur le chou et blanchissez-les 3 minutes dans une grande casserole d'eau bouillante. Procédez en plusieurs fois. Égouttez sur du papier absorbant. Ciselez 4 feuilles de chou crues et réservez le reste pour un autre usage.

3 - Dans un grand saladier, malaxez à la main le porc, le poulet, l'œuf, l'oignon, la chapelure et le chou cru ciselé. Répartissez cette préparation sur les feuilles de chou. Roulez les feuilles autour de la farce et maintenez-les en place à l'aide de piques en bois.

4 - Remettez le veau dans la cocotte, ajoutez les feuilles de chou farcies et portez à ébullition. Baissez le feu et laissez frémir environ 10 minutes à découvert, jusqu'à ce que les farcis soient cuits à cœur. Répartissez-les sur des assiettes, puis arrosez de bouillon et de légumes.

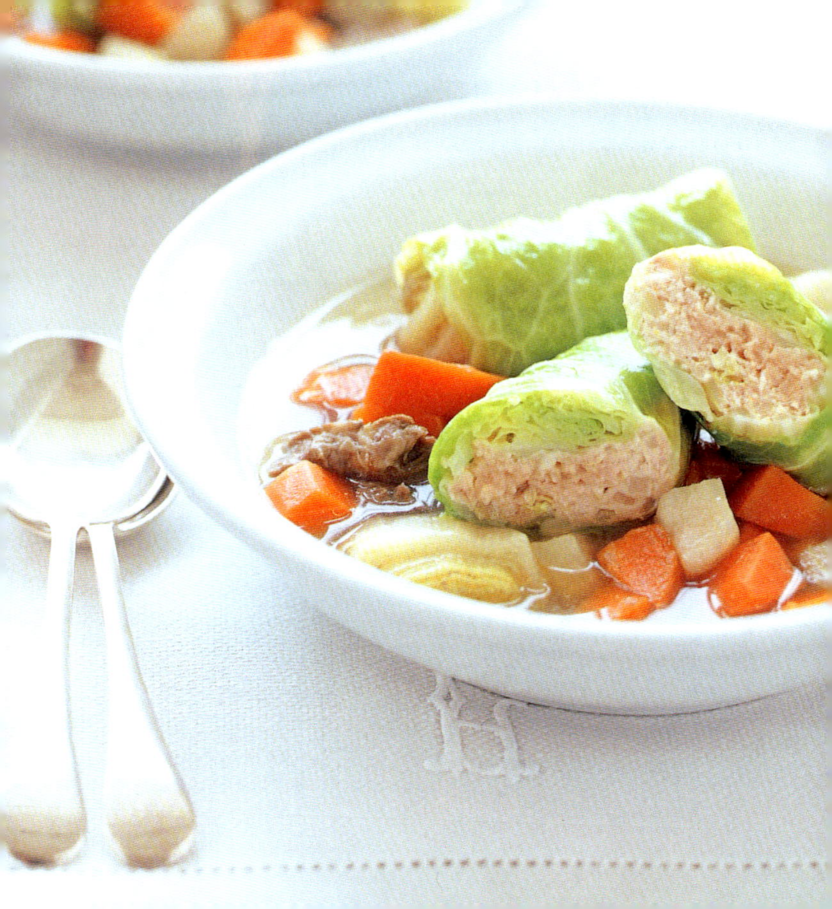

PORC AU CURRY ROUGE

15 MIN DE PRÉPARATION – 20 MIN DE CUISSON

POUR 6 PERSONNES

600 g de filet de porc coupé en fines tranches

75 g de pâte de curry rouge thaïe

1 c. à s. de sauce hoisin

2 c. à c. de nuoc-mâm

2 c. à s. d'huile d'arachide

150 g de champignons shiitakés frais coupés en fines tranches

200 g de minicarottes pelées

2 longs piments verts coupés en fines tranches

sel et poivre

1- Mélangez le porc, la pâte de curry, la sauce hoisin et le nuoc-mâm dans un saladier.

2- Faites chauffer la moitié de l'huile d'arachide dans un wok. Faites dorer le porc en plusieurs fois en le retirant du wok au fur et à mesure.

3- Faites chauffer le reste d'huile et faites sauter les champignons et les carottes jusqu'à ce qu'ils soient tendres. Remettez le porc dans le wok et remuez pour réchauffer. Salez et poivrez.

4- Au moment de servir, parsemez de piment.

IDÉES

Servez avec du riz thaï nature. Vous pouvez faire mariner le porc quelques heures ou toute la nuit au réfrigérateur.

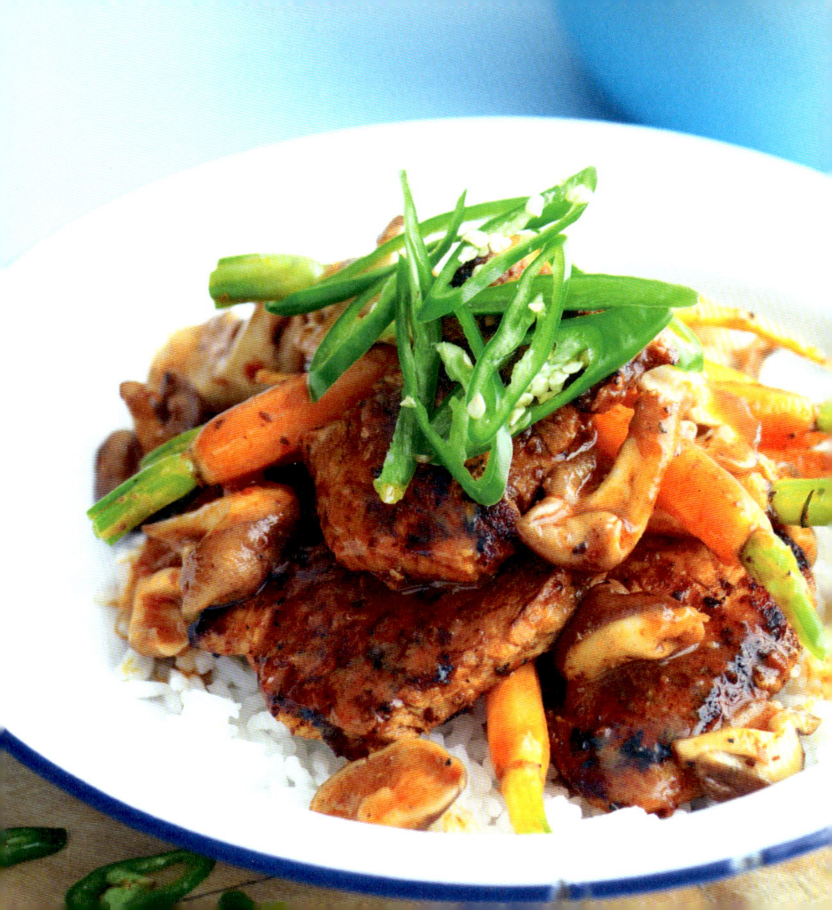

GRATIN DE LÉGUMES D'HIVER

25 MIN DE PRÉPARATION – 1 H 50 DE CUISSON

POUR 4 PERSONNES
600 g de pommes de terre
250 g de carottes
450 g de rutabagas
500 g de patate douce
35 g de chapelure
60 g de parmesan râpé

SAUCE BÉCHAMEL
40 g de beurre
35 g de farine
500 ml de lait écrémé
1 pincée de noix de muscade moulue

1- Préchauffez le four à 200 °C. Huilez légèrement un plat carré d'environ 19 cm de côté.
2- Préparez la béchamel : faites fondre le beurre, ajoutez la farine en remuant et faites revenir 1 minute. Retirez du feu et versez progressivement le lait, sans cesser de remuer, pour éviter les grumeaux. Laissez épaissir la sauce puis ajoutez la muscade.
3- Coupez tous les légumes en tranches fines puis essuyez-les avec du papier absorbant.
4- Étalez les pommes de terre au fond du plat et nappez-les de béchamel. Ajoutez les carottes, couvrez-les de béchamel, puis étalez les tranches de rutabaga. Versez le reste de la béchamel et terminez par une couche de patate douce. Couvrez d'une feuille d'aluminium et faites cuire les légumes au four pendant 1 h 30 environ. Quand ils sont tendres, retirez le papier d'aluminium, saupoudrez de chapelure et de parmesan, puis faites gratiner au four 15 minutes environ. Laissez reposer le gratin 10 minutes dans le four éteint avant de le découper.

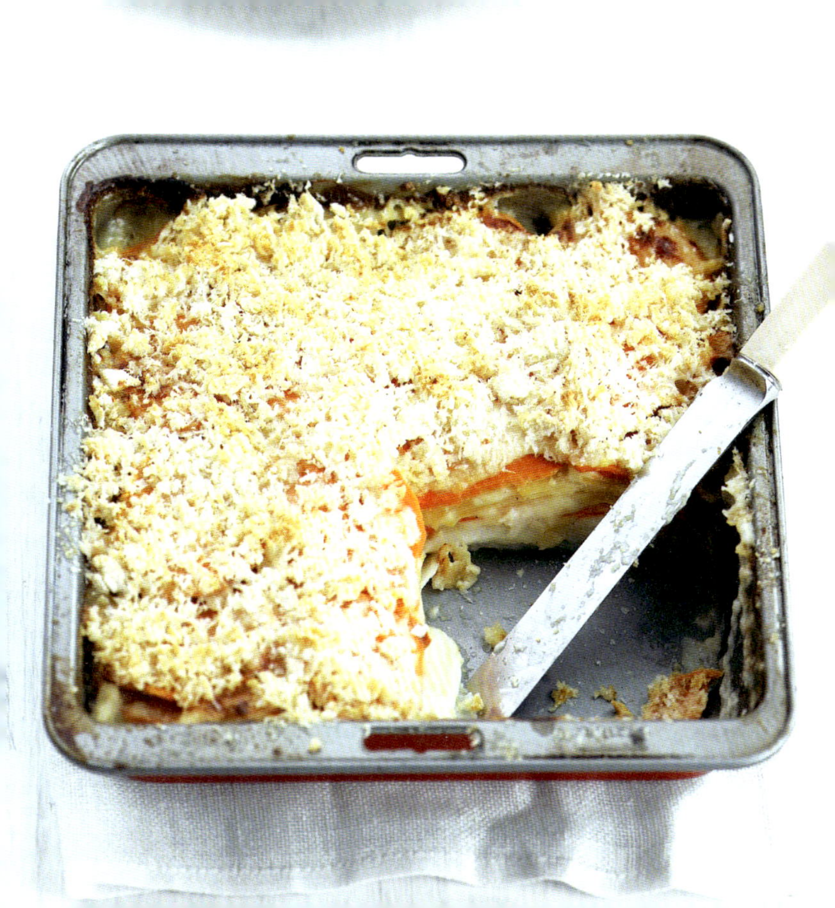

GRATIN DE LÉGUMES RACINES

15 MIN DE PRÉPARATION – 1 H 45 DE CUISSON

POUR 4 PERSONNES

2 pommes de terre moyennes (400 g)
2 carottes moyennes (240 g)
2 panais moyens (500 g)
1 petit oignon brun (80 g)
160 ml de crème liquide
160 ml de lait
2 c. à s. de persil plat frais finement haché
1 c. à s. de crème de raifort
25 g de chapelure

1- Préchauffez le four à 200 °C. Huilez un plat à gratin de 1,5 litre.

2- À l'aide d'une mandoline (avec lame en V de préférence), coupez les pommes de terre, les carottes, les panais et l'oignon en tranches très fines. Placez les pommes de terre au fond du plat, puis la moitié de l'oignon. Ajoutez les carottes, puis le reste de l'oignon et les panais.

3- Mélangez la crème, le lait, le persil et la crème de raifort dans un saladier, et assaisonnez. Versez ce mélange sur les légumes et saupoudrez de chapelure.

4- Couvrez le plat de papier d'aluminium et faites cuire au four 1 h 15. Enlevez l'aluminium et laissez dorer 30 minutes de plus. Laissez reposer 5 minutes avant de servir.

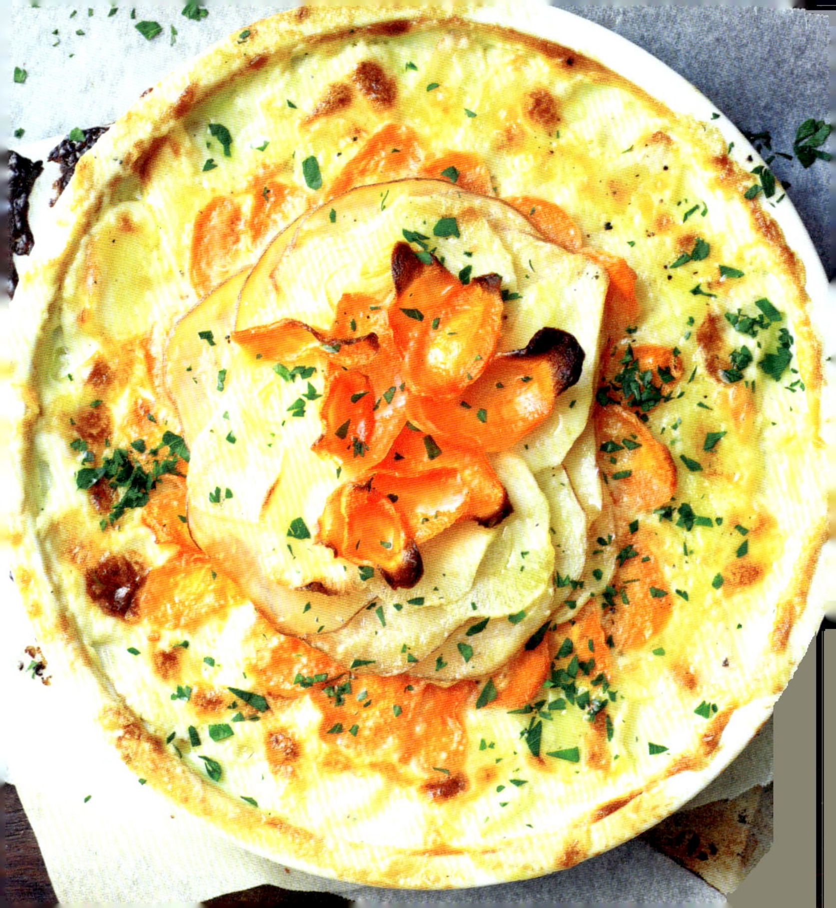

CAROTTES AROMATIQUES

15 MIN DE PRÉPARATION – 15 MIN DE CUISSON – 15 MIN DE REPOS

POUR 6 PERSONNES

1,2 kg de petites carottes nouvelles parées
60 ml d'huile d'olive
1 c. à c. de cumin moulu
1 c. à c. de paprika doux
½ c. à c. de cannelle moulue
60 ml de jus d'orange
2 c. à s. de jus de citron
50 g de raisins secs
1 grosse botte de persil plat grossièrement hachée
½ botte de menthe effeuillée
sel et poivre

1- Préchauffez le four à 200 °C.
2- Mélangez les carottes, la moitié de l'huile d'olive et les épices dans un grand plat à rôtir peu profond. Faites rôtir 15 minutes environ, jusqu'à ce que les carottes soient tendres, puis laissez refroidir 20 minutes.
3- Pendant ce temps, préparez la sauce en mélangeant le jus d'orange, le jus de citron, les raisins secs, le reste de l'huile d'olive et la moitié du persil dans un shaker pour sauce à salade. Assaisonnez à votre goût.
4- Arrosez les carottes de sauce. Parsemez-les de menthe et du reste du persil. Servez.

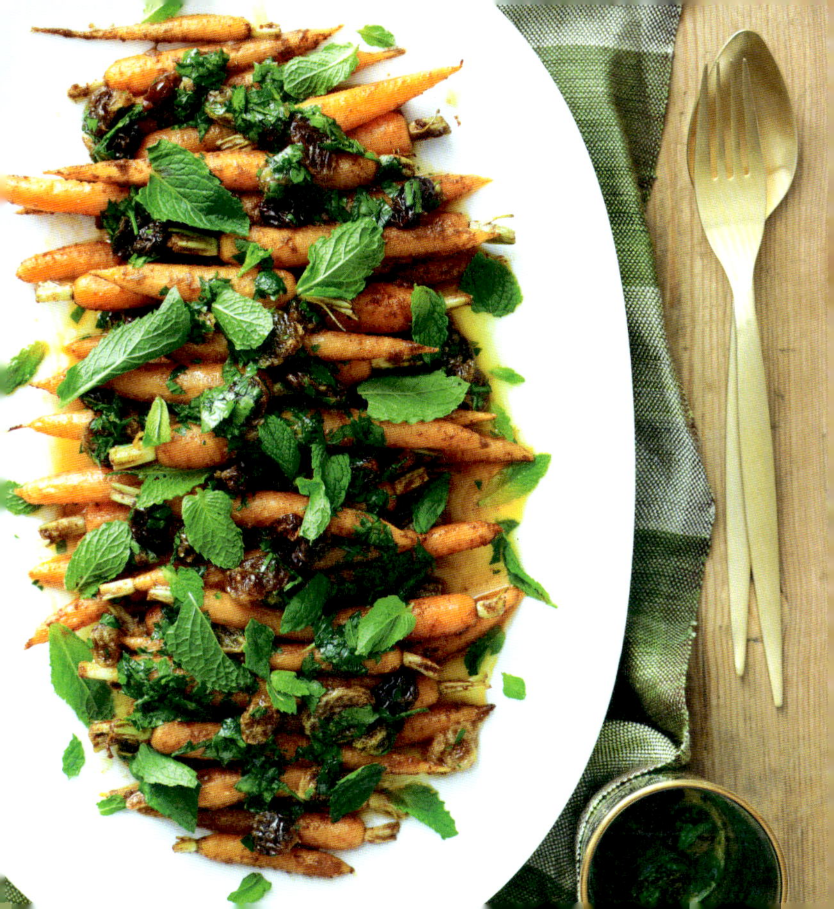

CAROTTES AU CHÈVRE ET À LA MENTHE

20 MIN DE PRÉPARATION – 5 MIN DE CUISSON

POUR 6 PERSONNES

3 bottes de petites carottes (1,2 kg) parées

2 c. à s. d'huile d'olive

sel et poivre

2 c. à s. de graines de cumin

2 bottes de menthe effeuillées

220 g de fromage de chèvre frais émietté

1- Mélangez les carottes et l'huile d'olive dans un grand saladier. Assaisonnez.
2- Faites griller les carottes sur un gril chaud huilé (ou sous le gril du four, ou au barbecue) pendant 5 minutes environ, jusqu'à ce qu'elles soient tendres.
3- Dans une petite poêle, faites revenir le cumin à sec jusqu'à ce qu'il embaume.
4- Mélangez les carottes, le cumin, la menthe et la moitié du fromage de chèvre dans un grand saladier. Parsemez le reste du fromage sur le tout.

NOTE
Nous avons utilisé du fromage de chèvre cendré.

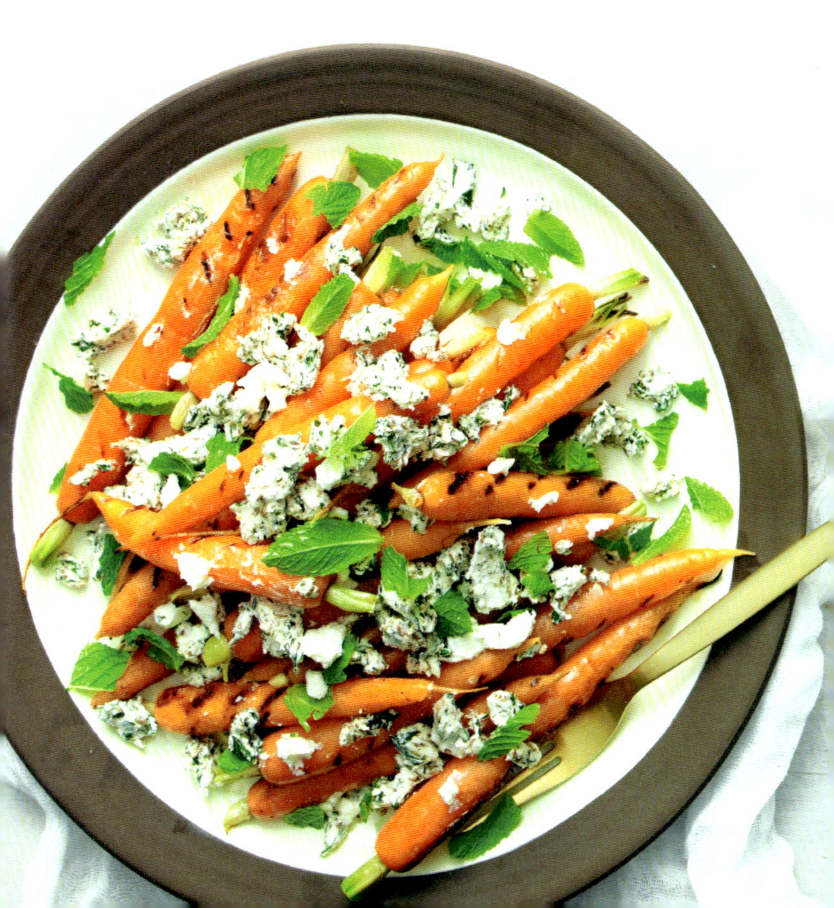

TAJINE DE LÉGUMES ÉPICÉ

15 MIN DE PRÉPARATION – 40 MIN DE CUISSON

POUR 8 PERSONNES

2 c. à s. d'huile d'olive

1 oignon brun moyen (150 g) émincé

5 cm de gingembre frais (25 g) râpé

2 gousses d'ail écrasées

2 c. à c. de cumin moulu

2 c. à c. de coriandre moulue

1 c. à c. de paprika doux

500 g de potiron

1 patate douce (400 g)

2 petits panais (240 g)

500 ml de bouillon de légumes

400 g de tomates en dés en conserve

2 c. à s. de miel

8 petits pâtissons jaunes (200 g) coupés en deux

375 g de petites carottes parées

50 g de raisins secs

2 c. à s. de persil plat frais ciselé

20 g d'amandes effilées grillées

1- Faites chauffer l'huile d'olive dans un tajine ou une cocotte et faites revenir l'oignon en remuant. Ajoutez le gingembre, l'ail et les épices, puis faites revenir 1 minute en remuant, jusqu'à ce que les arômes se dégagent.

2- Ajoutez le potiron, la patate douce et les panais coupés en morceaux. Ajoutez ensuite le bouillon, les tomates avec leur jus et le miel, puis portez à ébullition.

À feu réduit, laissez mijoter 15 minutes à couvert. Ajoutez les pâtissons et les carottes, puis laissez mijoter 20 minutes sans couvrir, jusqu'à ce que les légumes soient tendres.

Assaisonnez à votre goût.

3- Incorporez les raisins secs et le persil. Parsemez d'amandes.

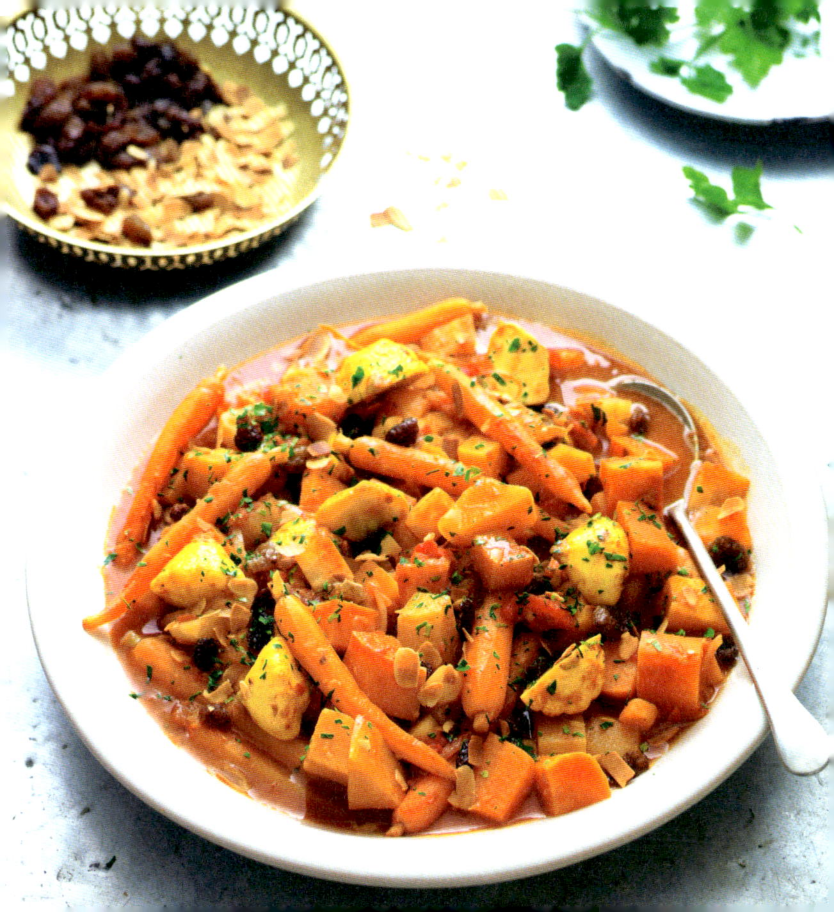

CAROTTES CARAMÉLISÉES

10 MIN DE PRÉPARATION – 20 MIN DE CUISSON

POUR 8 PERSONNES

1 c. à s. d'huile d'olive

6 carottes moyennes (720 g) coupées en rondelles épaisses

2 c. à s. de sucre cristal

1 c. à s. de persil plat frais ciselé

1 c. à s. de vinaigre balsamique

1- Faites chauffer l'huile d'olive dans une grande poêle et faites-y cuire les carottes à feu doux, à couvert, jusqu'à ce qu'elles soient juste tendres.

2- Ajoutez le sucre et prolongez la cuisson de 10 minutes, sans cesser de remuer, pour qu'elles caramélisent. Ajoutez le persil et le vinaigre, puis remuez.

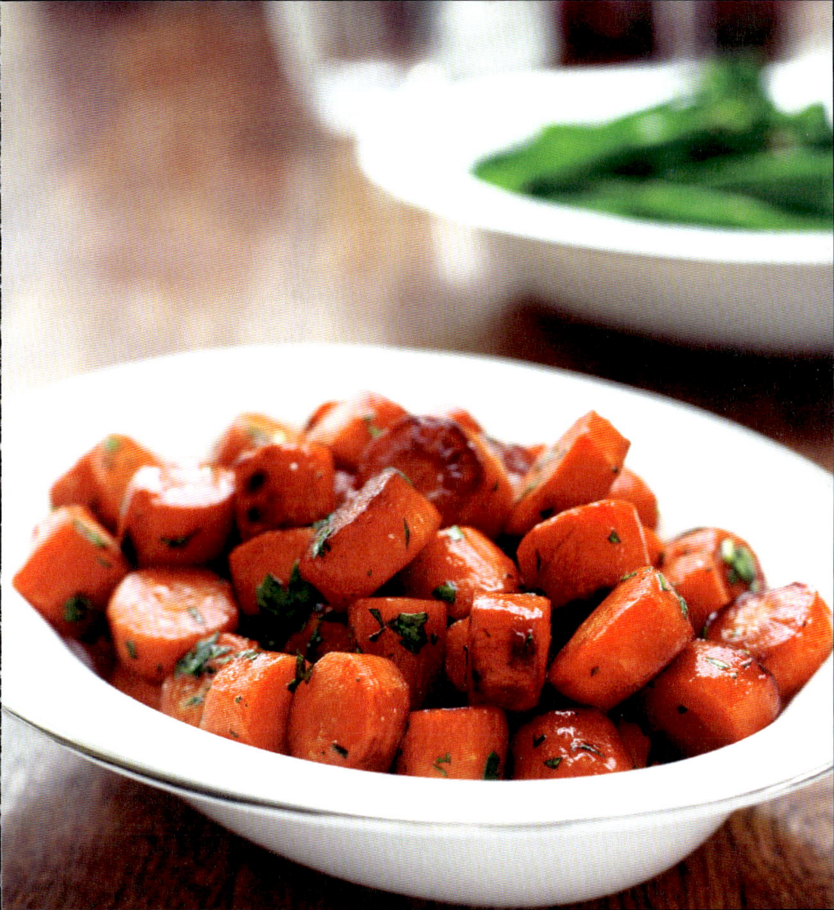

MINICAROTTES GLACÉES AU SIROP D'ÉRABLE ET À L'ORANGE

5 MIN DE PRÉPARATION – 20 MIN DE CUISSON

POUR 4 PERSONNES

30 g de beurre
800 g de minicarottes pelées
2 c. à c. de zeste d'orange finement râpé
60 ml de jus d'orange
2 c. à s. de vin blanc sec
2 c. à s. de sirop d'érable
70 g de noisettes grillées grossièrement hachées

1- Faites fondre le beurre dans une grande poêle. Faites chauffer les carottes en les retournant de temps en temps, jusqu'à ce qu'elles soient presque cuites.
2- Ajoutez le zeste et le jus d'orange, le vin et le sirop d'érable. Portez à ébullition. Baissez le feu et faites réduire à découvert, jusqu'à ce que les carottes soient tendres et caramélisées.
3- Parsemez de noisettes puis servez.

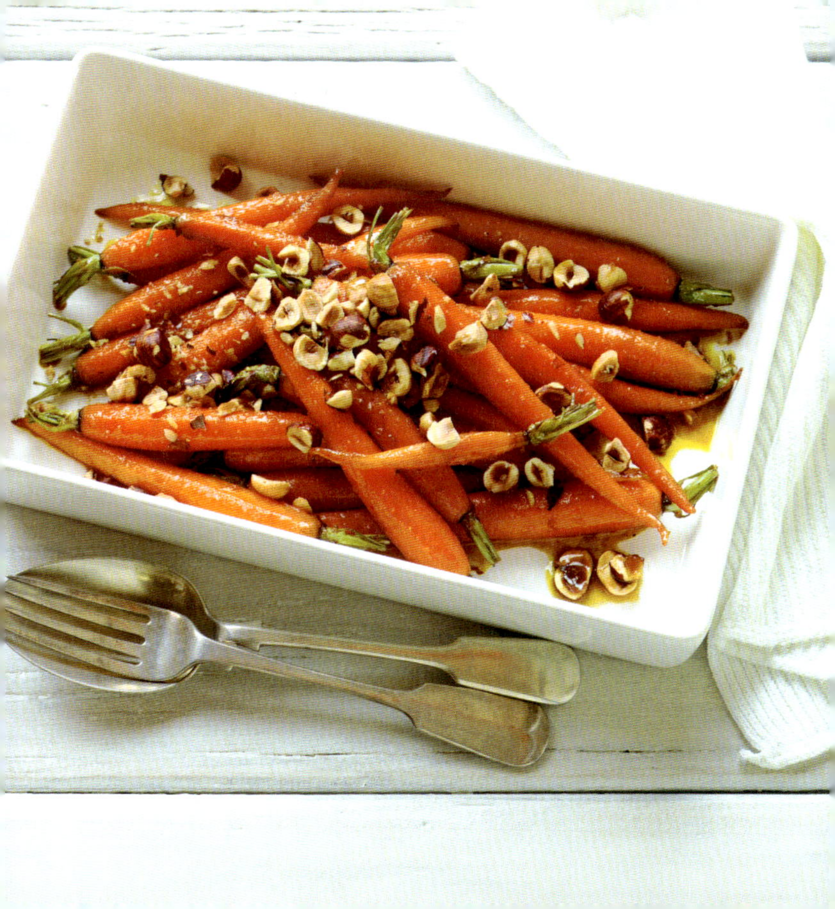

LÉGUMES RÔTIS

25 MIN DE PRÉPARATION – 25 MIN DE CUISSON

POUR 4 PERSONNES

2 c. à s. d'huile d'olive

12 petites carottes (240 g) pelées et coupées en deux dans la longueur

3 petits panais (180 g) pelés et coupés en quatre dans la longueur

12 petites pommes de terre nouvelles (480 g) coupées en deux

4 petits oignons (100 g) coupés en deux

1 gousse d'ail écrasée

1 c. à s. de brins de romarin frais grossièrement hachés

1 c. à s. de miel

2 c. à c. de moutarde à l'ancienne

1 c. à s. de jus de citron

1- Préchauffez le four à 220 °C.

2- Sur le feu, faites chauffer l'huile dans un grand plat allant au four, puis faites revenir les carottes, les panais, les pommes de terre et les oignons, en remuant, jusqu'à ce que les légumes soient dorés. Retirez le plat du feu. Incorporez l'ail, le romarin, le miel et la moutarde.

3- Faites rôtir les légumes au four 25 minutes environ, jusqu'à ce qu'ils soient tendres. Arrosez de jus de citron puis servez.

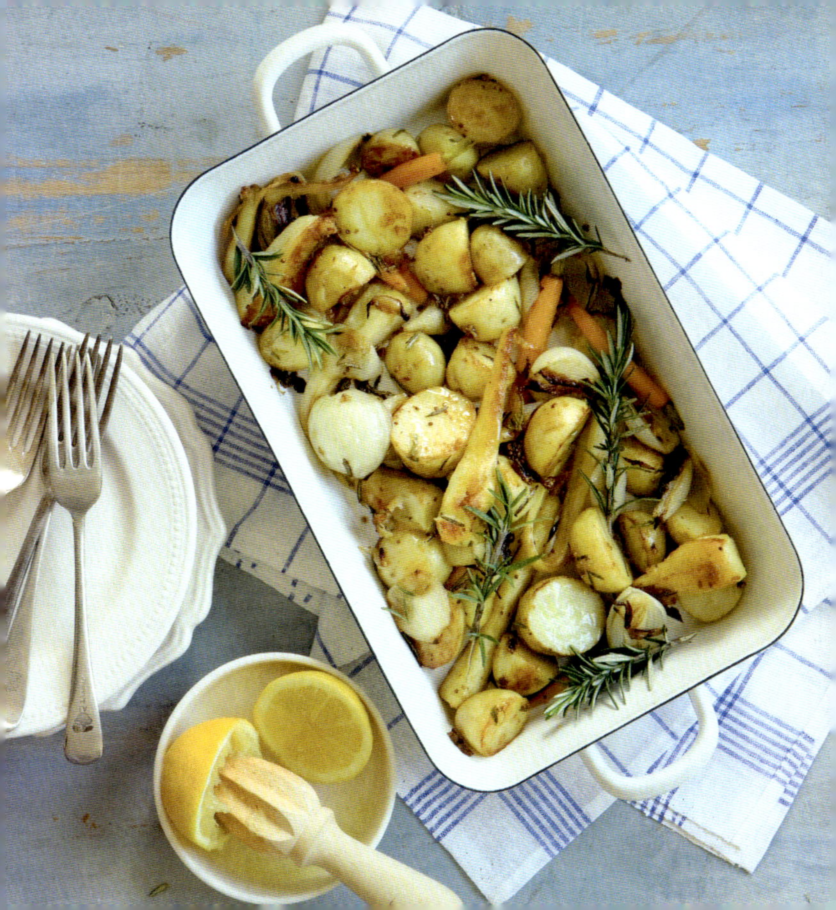

MINI CARROT-CAKES

20 MIN DE PRÉPARATION – 20 MIN DE CUISSON

POUR 8 MINICAKES

80 ml d'huile végétale

75 g de sucre en poudre

1 œuf

240 g de carottes grossièrement râpées

30 g de noix finement hachées

100 g de farine avec levure incorporée

¼ de c. à c. de bicarbonate de soude

½ c. à c. d'un mélange de cannelle, muscade et poivre de la Jamaïque

GLAÇAGE AU CREAM CHEESE

20 g de beurre ramolli

60 g de cream cheese à température ambiante

120 g de sucre glace

1 - Préchauffez le four à 180 °C. Beurrez 8 petits moules ovales de 125 ml.

2 - Battez l'huile, le sucre et l'œuf dans un petit saladier, avec un batteur électrique, jusqu'à ce que le mélange soit épais et pâle. Transvasez-le dans un grand saladier. Incorporez les carottes, les noix et les ingrédients secs tamisés. Répartissez la préparation dans les moules. Enfournez pour 20 minutes environ.

3 - Laissez reposer les gâteaux 5 minutes avant de les démouler sur une grille puis laissez-les refroidir.

4 - Préparez le glaçage en battant le beurre et le cream cheese dans un petit saladier, avec un batteur électrique, jusqu'à ce que le mélange soit onctueux. Sans cesser de battre, ajoutez le sucre glace tamisé. Appliquez sur les gâteaux refroidis. Décorez chaque cake de ½ noix, si vous le souhaitez.

NOTE

Vous aurez besoin de 2 carottes moyennes pour obtenir la quantité de carottes râpées nécessaire pour cette recette.

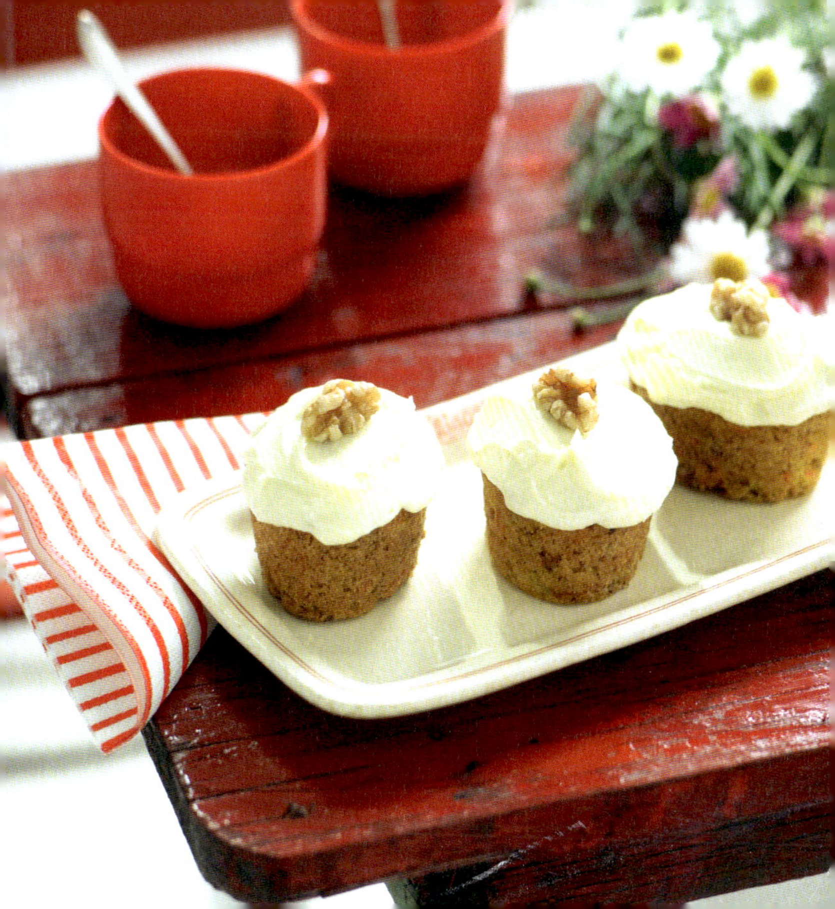

GÂTEAU AUX FRUITS ET AU CREAM CHEESE

20 MIN DE PRÉPARATION – 50 MIN DE CUISSON – 15 MINUTES DE REPOS

POUR 10 PERSONNES

100 g de cream cheese

50 g de beurre ramolli

110 g de sucre en poudre

2 c. à s. de golden syrup ou de miel liquide

2 c. à c. de zeste d'orange finement râpé

2 œufs

2 carottes moyennes (240 g) grossièrement râpées

180 g de fruits confits hachés

100 g de farine ordinaire

100 g de farine avec levure incorporée

80 ml de jus d'orange

1- Préchauffez le four à 180 °C. Beurrez un moule couronne de 20 cm de diamètre.

2- Battez le cream cheese, le beurre, le sucre, le golden syrup ou le miel et le zeste d'orange dans un saladier, au robot, jusqu'à ce que la préparation soit légère et mousseuse. Incorporez les œufs un à un. Ajoutez le reste des ingrédients.

3- Versez la pâte dans le moule et faites cuire le gâteau 50 minutes. Laissez-le reposer 15 minutes avant de le démouler sur une grille pour qu'il refroidisse.

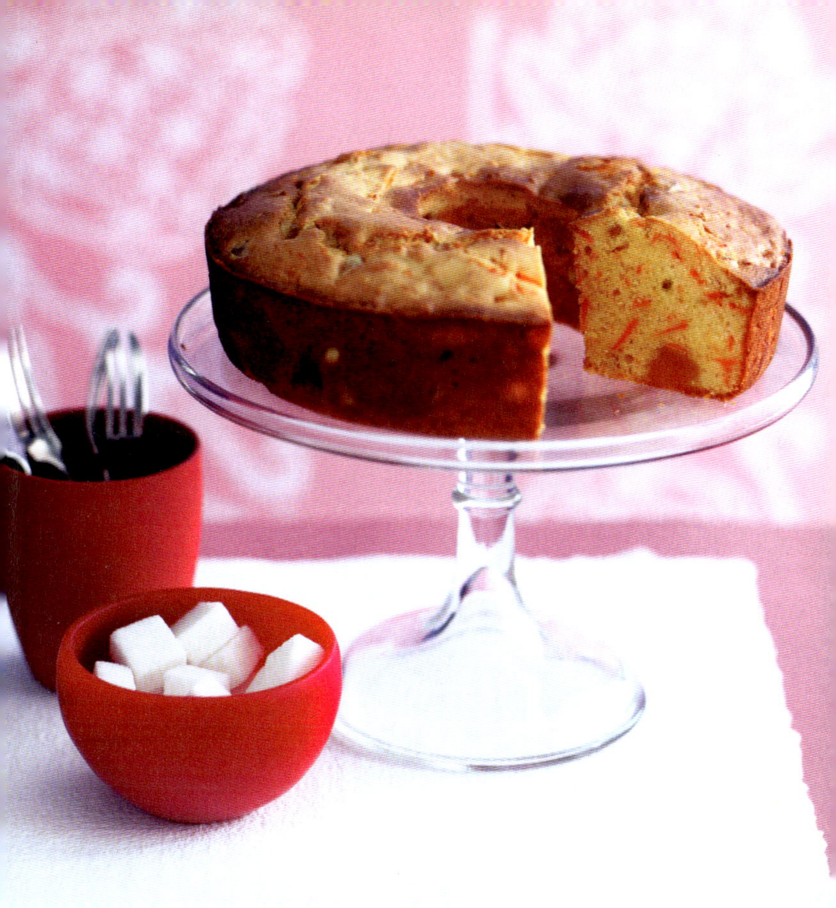

COOKIES AUX FLOCONS D'AVOINE
ET AUX CAROTTES

20 MIN DE PRÉPARATION – 15 MIN DE CUISSON

POUR 44 COOKIES

125 g de beurre ramolli
220 g de cassonade
1 jaune d'œuf
70 g de carottes grossièrement râpées
225 g de farine ordinaire
½ c. à c. de bicarbonate de soude
1 c. à c. de cannelle moulue
90 g de flocons d'avoine
1 c. à s. de lait, environ

1- Préchauffez le four à 180 °C. Chemisez des plaques de cuisson de papier sulfurisé.
2- Battez le beurre, la cassonade et le jaune d'œuf dans un petit saladier, avec un batteur électrique, jusqu'à ce que le mélange soit homogène. Incorporez les carottes, puis la farine et le bicarbonate de soude tamisés, et la cannelle. Incorporez les flocons d'avoine et un peu de lait, pour obtenir une pâte assez ferme.
3- Façonnez en boules des cuillerées à café bombées de pâte. Disposez-les à environ 5 cm de distance sur les plaques et aplatissez-les légèrement. Faites cuire 15 minutes environ, puis laissez refroidir sur les plaques.

CONSERVATION
Ces cookies se conservent 1 semaine dans un récipient hermétique.

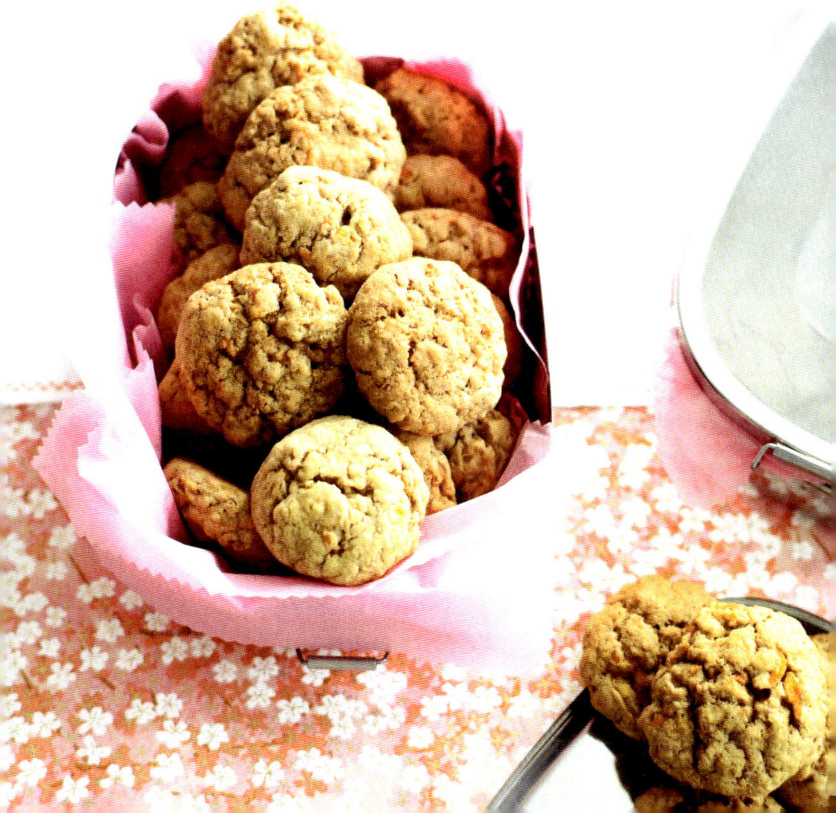

© ACP Magazines Ltd 2001, 2003, 2004, 2005, 2006, 2007, 2008, 2009, 2010, 2011, 2012.
© Hachette Livre (Marabout) 2013 pour la conception d'ensemble, la traduction
et l'adaptation française des recettes.

Crédits photographiques : © Shutterstock/Pippa West (gardes), © Shutterstock/Dream79
(p. 10, gauche) ; © Shutterstock/Lisa Lofitskaya (p. 10, droite) ; © Shutterstock/Jan Mika
(p. 11, gauche) ; © Shutterstock/Alexandralaw1977 (p. 11, droite).

Pour Marabout, le principe est d'utiliser des papiers composés de fibres
naturelles, renouvelables, recyclables et fabriquées à partir de bois issus de forêts
qui adoptent un système d'aménagement durable. En outre, Marabout attend
de ses fournisseurs de papier qu'ils s'inscrivent dans une démarche de certification
environnementale reconnue.

Tous droits réservés. Toute reproduction ou utilisation sous quelque forme
et par quelque moyen, électronique, photocopie, enregistrement ou autre,
que ce soit est strictement interdite sans l'autorisation de l'éditeur.

Mise en pages : Jennifer Joly

© Hachette Livre (Marabout) 2013
43 quai de Grenelle, 75905 Paris Cedex 15
ISBN : 978-2-501-08411-6
4126553
Dépôt légal : janvier 2013
Achevé d'imprimer en novembre 2012 par Cayfosa, en Espagne.